BEI GRIN MACHT SICH IHR WISSEN BEZAHLT

- Wir veröffentlichen Ihre Hausarbeit,
  Bachelor- und Masterarbeit

- Ihr eigenes eBook und Buch -
  weltweit in allen wichtigen Shops

- Verdienen Sie an jedem Verkauf

Jetzt bei www.GRIN.com hochladen und kostenlos publizieren

Ramona Schilling

Die Moderne als literarische Epoche

Skript

GRIN Verlag

Bibliografische Information der Deutschen Nationalbibliothek:

Die Deutsche Bibliothek verzeichnet diese Publikation in der Deutschen National-
bibliografie; detaillierte bibliografische Daten sind im Internet über http://dnb.d-
nb.de/ abrufbar.

Dieses Werk sowie alle darin enthaltenen einzelnen Beiträge und Abbildungen
sind urheberrechtlich geschützt. Jede Verwertung, die nicht ausdrücklich vom
Urheberrechtsschutz zugelassen ist, bedarf der vorherigen Zustimmung des Verla-
ges. Das gilt insbesondere für Vervielfältigungen, Bearbeitungen, Übersetzungen,
Mikroverfilmungen, Auswertungen durch Datenbanken und für die Einspeicherung
und Verarbeitung in elektronische Systeme. Alle Rechte, auch die des auszugsweisen
Nachdrucks, der fotomechanischen Wiedergabe (einschließlich Mikrokopie) sowie
der Auswertung durch Datenbanken oder ähnliche Einrichtungen, vorbehalten.

Impressum:

Copyright © 2011 GRIN Verlag GmbH
Druck und Bindung: Books on Demand GmbH, Norderstedt Germany
ISBN: 978-3-656-71694-5

GRIN - Your knowledge has value

Der GRIN Verlag publiziert seit 1998 wissenschaftliche Arbeiten von Studenten, Hochschullehrern und anderen Akademikern als eBook und gedrucktes Buch. Die Verlagswebsite www.grin.com ist die ideale Plattform zur Veröffentlichung von Hausarbeiten, Abschlussarbeiten, wissenschaftlichen Aufsätzen, Dissertationen und Fachbüchern.

Besuchen Sie uns im Internet:

http://www.grin.com/

http://www.facebook.com/grincom

http://www.twitter.com/grin_com

Die Moderne als literarische Epoche

Allgemeines
- Wende vom 19. zum 20. Jhd.: neue künstlerische Stile in der bildenden Kunst → Impressionismus, Expressionismus, Abstrakte Malerei, Kubismus
- gilt auch für die Literatur
- verschiedene Epochenstile nebeneinander → Stilpluralismus
- zeitgleiches Nebeneinander von Stilen macht gewohnte Literaturauffassung fragwürdig → eigentlich zeitliche Abfolge von Epochen und ihren Stilen → jetzt gleichzeitig

Beginn der Verwendung des Begriffs Moderne
- Autoren bezeichnen sich und ihre Epoche seit den 80er Jahren des 19. Jhd. als modern → wollen neues Epochengefühl zeigen und sich von der Tradition absetzen
- 1885: Arno Holz „Lieder der Moderne"
  - ➢ Zentrum der naturalistischen Bewegung (Gerhard Hauptmann, Arno Holz)
  - ➢ Erstnennung „die Moderne"
- Veröffentlichung der 10 Thesen zur Kunst und Literatur → Literatur soll sich nicht mehr an der Antike orientieren sondern an der Moderne
- Verwendung hebt einen Kontrast hervor → neu/alt, progressiv/konservativ → bewusste Abwendung von der literarischen Tradition
- Eugen Wolf Aufsatz „die literarische Moderne":
  - ➢ Lebensrealität hätte sich verändert, deswegen kommt die Moderne
  - ➢ Wesen der modernen Literatur soll in Allegorie gefasst werden → Göttin (neue Zeit wird ausgerufen, aber vermittelt Idee durch altes Gewand)
  - ➢ Bereiche die getrennt waren wie Arbeit und Schönheit können jetzt zusammen existieren
- Wort hat sich schnell durchgesetzt → wurde auch von Antinaturalistischen aufgegriffen und umgedeutet → Begriff kann nicht genau definiert werden (registrierten schon Zeitgenossen) → entsprach einem neuen Zeitgefühl

Begriff der Moderne in der Literaturwissenschaft
- wann beginnt Epoche? → Einteilung immer schwierig, weil fließend → immer Hilfskonstruktionen

<u>Dimensionen des Moderne-Begriffs</u>
1. denkgeschichtliche Moderne → 1450 – 1600 → Emanzipation des Menschen aus Tradition und Religion
2. sozialigeschichtliche Moderne → 2. Hälfte des 18. Jhd. Aufklärung → Bürgertum wird zur kulturtragenden Schicht

3. literaturgeschichtliche bzw. ästhetische Moderne → 2. Hälfte des 19. Jhd. in Frankreich → in Deutschland erst Mitte der 80er Jahre mit Beginn des Naturalismus

Klassische Moderne und Avantgarde
- Zeitraum zwischen 1885 – 1933 in der Literatur → unterschieden sich nach der Radikalität in der die Autoren mit der Tradition gebrochen haben → Klassische Moderne eher noch traditionell (Kafka, Musil, Mann)
- Avantgarde kommt aus der franz. Militärsprache → Vorhut → Künstler sehen sich als Vorhut und Spitze der Kunst, wollen das Vorangegangene übertreffen → sprengen traditionellen Kunstbegriff
- Gruppenbildung: internationale Bewegungen, die Kunst- und Gattungsgrenzen ablehnen → es ist nicht mehr wichtig ein einzelnes Werk zu schaffen, Grenze zwischen Kunst und Leben verschwimmt → ist provokativ und negiert alles was davor da war (Dadaismus, Surrealismus, Futurismus)

Merkmale avantgardistischer Kunst
1. Die Avantgarden betreiben eine destruktive „Poetik der Infragestellung" → Gattungsgrenzen
2. Die Avantgarde gehen mit der Sprache als Material um → dadaistische Lautgedichte, Sprache wird zerlegt und mit den einzelnen Lauten gearbeitet, , Übergänge zur bildenden Kunst und Geräuschmusik
3. Die Avantgarde stellen das Konzept des geschlossenen organischen Werkes in Frage → Montage, Künstler benutzt vorgefertigte Materialien
4. Rezipient wird immer wichtiger, kreativer Rezeptionsprozess ist wichtig, subjektiver Leser
5. Texte haben Tendenz unpersönlich zu werden, kein im Zentrum stehendes Subjekt

Literarische Zentren um 1900

Grundlagen der Epoche
- kaum verbindliche Gemeinsamkeiten → Vielfalt
- Gesellschaftlicher Wandel: Gesellschaft der Zeit ist in Gruppierungen mit unterschiedlichen Zielen zerfallen, um 1900 stärkere als jemals zuvor
- um 1900: Wandel von Kernbereichen bürgerlicher Identität (Ehe, Familie, Arbeit, Geschlechter)→ Rolle der Frau ändert sich: rechtliche Gleichstellung, arbeiteten in der Fabrik oder im Dienstleistungssektor → Stellung des Mannes verändert sich im Haus, neues Verhältnis der Geschlechter untereinander (Außereheliche Kinder, offene Beziehungen usw.) → Bedeutungsschwund der Familie (auf dem Land anders)
- Modernisierungs- und Beschleunigungsverfahren: Größer von Betrieben wächst, straffere Arbeitsabläufe

- Bürgerliche Gesellschaft wird in großen Bereich als Überholt erfahren
- Veränderung des literarischen Markts: Literatur als Ware

Naturalismus

Allgemeines
- Begriff der Modernität wichtig für das Selbstverständnis der naturalistischen Autoren
- Naturalismus folgt auf den poetischen Realismus
- wichtigster Vertreter: Arno Holzer
- Naturalismus hat kaum Publikum
- Ausnahme im deutschen Raum: Gerhard Hauptmann (Die Weber, Der Biberpelz)
- Naturalismus konzentrierte sich auf München und Berlin
- junge Autoren waren sehr an gegenseitigem Kontakt interessiert → Gruppenbildung
- stieß bei Bürgern auf Unverständnis, bricht mit dem allgemeinen Bürgerverständnis

Phasen des Naturalismus
1. 1878 – 1884: Konstitutionsphase, geprägt durch Kampfschriften und Lyrik
2. 1885 – 1887/89: Gruppenbildung, Ausbildung von Zentren in München und Berlin, Entstehung von programmatischen Schriften, Prosa dominiert
3. 1888/90 – 1895: Berlin ist Zentrum, Gründung zahlreicher Literatur und Bühnenvereine, Drama wird zur wichtigsten Gattung

Naturwissenschaft und Kunst
- Naturwissenschaften leitende Funktionen bei moderner Welterschließung
- Naturalisten richten Literatur an Naturwissenschaften aus → Wissenschaftsbegeisterung der Autoren
- Bedeutung des Künstlers schrumpft → Naturalismus reagiert mit Verwissenschaftlichung der Kunst → Flucht nach Vorne
- neuer Maßstab bei der Literatur → wissenschaftliche Korrektheit
- neue Erkenntnisse und Theorien über den Menschen und die menschliche Gesellschaft → Biologie und Soziologie
  - ➢ Milieutheorie: übernommen aus Frankreich → französischer Naturalismus von der Philosophie→ alles spekulative wird abgelehnt, rein empirische Kenntnisse bestimmten Entwicklung des Menschen
  - ➢ Darwinismus und Evolutionstheorie: alle Lebewesen stammen von gleichem Urahnen ab → Schöpfungsgedanke wird hinfällig; natürliche Auslese → Individuen sind im Kampf um Ressourcen, Sozialdarwinismus, der Stärkere setzt sich durch
  - ➢ Vererbung und Degenerationslehre: Mensch geprägt durch Erbanlagen (Hauptmanns Drama „Der Sonnenaufgang": Alkoholismus ist erblich); Anfang der menschlichen Entwicklung steht Urtyp, der sich durch Anpassung in Rassen abspaltet und durch äußere Einflüsse degenerieren kann → dann wird negatives immer weiter vererbt

Popularisierung naturwissenschaftlicher Kenntnisse

- naturwissenschaftliche Denkweisen werden am Ende des 19. Jhd. dominant in der Gesellschaft → für Leihen nicht mehr zu verstehen → Vermittlerfiguren sind nötig
- neuer Autortyp:
    - ➤ Wissenschaftler, die ihre Kenntnisse leicht verständlich machen (Biologe Ernst Haeckel)
    - ➤ Schriftsteller, die sich in Wissenschaft einarbeiten (Wilhelm Bölsche)

Verwissenschaftlichung der Ästhetik

- Naturalisten versuchen Ästhetik auf objektive Gesetzmäßigkeiten zu verpflichten
- Konsequenzen für den Autor:
    - ➤ positivistisches Verhältnis zur Realität → äußere Realität wird festgehalten
    - ➤ Umstellung von Innen nach Außenorientierung → Subjektivität des Künstlers ist nicht mehr wichtig, sondern Wirklichkeit muss Objektiv erfasst werden
    - ➤ Traditionelle Normen werden unwirksam
    - ➤ alles kann zur Kunst werden → alle Phänomene sind als gleichwertig zu betrachten (Geburt einer Kuh genauso wichtig wie Tod eines Helden) → neue Stoffe und verpönte Stoffe werden Literaturfähig → Darstellung des Elends der ausgebeuteten Schichten (Zola, Hauptmann), Kritik am Bürgertum, an deren Doppelmoral, zerbrechende Familien werden dargestellt

Arno Holz und der konsequente Naturalismus

- Papa Hamlet, Familie Selicke → bekannte Werke von Holz
- wurde als Vater der Moderne bezeichnet
    - ➤ auf dem Gebiet der Lyrik, hat damit experimentiert
    - ➤ auf dem Gebiet der literarischen Theorie
    - ➤ Verbindung von Theorie und Praxis
- Johannes Schlaf arbeitete mit ihm eng zusammen und schrieben einige wichtige Texte → Streit weil sie sich nicht über die Einnahmen ihrer Werke einigen konnten
- wendete sich allmählich vom Naturalismus ab
- nach dem Naturalismus noch literarischer Erfolg mit Gedichten, seine Dramen fielen beim Publikum durch
- Gesetze: Kunst= Natur – X → Differenz zwischen Realität/Natur und künstlerischem Abbild → Reproduktionsbedingungen und ihre Handhabung (Darstellungsmittel, Fertigkeiten des Künstlers)
- Faktor X muss so gering wie möglich gehalten werden, im poetischen Realismus soll Realität noch poetisiert werden
- kreatives Potential des Künstlers ist nicht mehr nötig
- vermittelt aber auch Impulse → führt zu Experimenten

Sekundenstil

- perfekte Realitätsillusion → Sekunde zu Sekunde soll festgehalten werden, unbedeutende Details → vollständige Deckungsgleichheit soll erreicht werden

- z.B. „Papa Hamlet" (Tip ... Tip...Tip)
- zeitgleiches Erleben und Einfangen

Naturalistisches Drama
- Berlin als Zentrum → private Bühnenräume, da man dadurch Zensuren umgehen konnte

Holz/Schlaf: „Familie Selicke"
- naturalistisches Drama
- typische Inhalte: Alkoholismus, zerrüttete menschliche Beziehungen
- Tod der jüngsten Tochter lässt Familie noch mehr zerbrechen als sie vorher schon waren
- Figuren: gefangen in ihrem Milieu, vorbestimmt
- Darstellungsmittel
  - ➤ sozialer Stand eingefangen durch detaillierte Regieanweisungen (Räume)
  - ➤ Haupttext von Streben nach Realitätsnähe durchzogen
  - ➤ sprachliche Details: alltägliche Kommunikation, wirklichkeitsgetreue Nachbildung
  - ➤ Soziolekt: soziale Herkunft spiegelt sich
  - ➤ Tod durch Sprachlosigkeit zum Ausdruck gebracht
- → elementar Neues, polarisiert Gesellschaft

Überwindung des Naturalismus, Krise des Ich und neue Psychologie
Allgemeines
- Gruppe junger Schriftsteller treffen sich in bestimmten Kaffeehäusern → „Kaffeehausliteraten"
- Kaffeehaus als Ort literarischer Produktion

Vertreter
- Hermann Bahr als Kopf der Gruppe, wichtiger Förderer
- „Die Zeit" als mächtige Wochenzeitung

Hermann Bahr
- „Die Überwindung des Naturalismus" (erschienen 1891) → macht ihn bekannt
- erkennt Zeitgeist; erkennt literarische Entwicklung
- Pariser Aufenthalt prägt ihn sehr → danach Aufenthalt in Berlin
- bekannt geworden als Essayist und Literaturkritiker

Was hat er kritisiert?
- fordert eine Wendung vom Außen nach Innen → psychologische Darstellung
- Übertragung naturalistischer Methode aufs menschliche Innere → neuer Literatur: „Nervenkunst"
- „Die neue Psychologie" am Beispiel der Malerei dargestellt

- ➢ Eindrücke direkt literarisch darstellen und nicht erst in Verstandsprozesse bearbeiten
- ➢ Festhalten von Sinnesreizen: z.b. durch Erzählverfahren des inneren Monologs
- Beispiel: „Leutnant Gustl"
  - ➢ keine vermittelnde Erzählinstanz
  - ➢ unmittelbarer Zugang zu Empfindungen der Figuren
  - ➢ Versprachlichung von innerem Bewusstsein
  - ➢ was in Person vorgeht wird nach außen gekehrt
  - ➢ 1. Person Indikativ und Präsens: Erinnerungen, Assoziationen... → (abgebrochene Sätze)

Tendenzen in der Erzählprosa der Jahrhundertwende

1. Subjektivierung des Erzählens → kaum auktorialer Erzähler, sondern interne Vokalisierung; Bewusstseinsdarstellungen; Figurenbewusstsein im Mittelpunkt; erlebte Rede
2. Konzentration auf Wahrnehmungen und Sinnesreize
3. Hang zu Zeit deckendem Erzählen → Erzähltempo verlangsamt sich

→ Nähe zum Naturalismus durch minutiöse Erzählweise (Sekundenstil), aber:

→ Neu ist die Hinwendung zur subjektiven Weltauffassung; neue naturwissenschaftliche Erkenntnisse: Ernst Mach und Sigmund Freud haben großen Einfluss auf Literatur der Zeit

Ernst Mach
- Mathematiker und Physiker
- „Analyse der Empfindungen" als Hauptwerk
- geht von konkreter Erfahrungswelt des Menschen aus
- keine Anerkennung von Metaphysischem
- Mensch nimmt alles mit Sinnen wahr
- alles Äußere führt zu bestimmten Empfindungskomplexen im Inneren
- Ich ist für Mach ein Komplex von Erinnerungen
- untergräbt Vorstellung vom autonomen Ich

Sigmund Freud
- auch Autonomie des Ich in Frage gestellt
- entfernt sich von Methoden der Naturwissenschaft
- „Die Traumdeutung" (1900) bis heute sein bekanntestes Werk
  - ➢ psychologische Technik der Traumdeutung
  - ➢ Aufwertung der Träume
  - ➢ Ausschluss eines Übersinnlichen; im Traum werden aktuelle Reize oder Vergangenes verarbeitet
- in Literatur oft Träume aufgenommen

Arthur Schnitzler
- Schnitzler und Freud → ähnliche Entdeckungen
- Schnitzler hat intensiv Freud studiert

- entwickelt aber eigenes Konzept: Mittelbewusstsein, das an Sprache gebunden ist
- enge Verbindung zur „Psychoanalyse"
- 1892: „Sterben" (1. Stück); Erzählung, die psychischen Verfall darstellt
- Verbindet Medizin und Psychologie

„Fräulein Else"
- innerer Monolog als Erzählverfahren
- Hauptthema: Zusammenlauf von weiblicher Sexualität, Gesellschaft und Familie
- Protagonistin: „Modekrankheit" Hysterie
- Else verliert sich in Phantasiewelt
- Gemisch von Empfindungen; starke Erregung; aufgeputschte Stimmung
- durchschaut Situationen in bürgerlicher Zeit → Frauen werden „verschachert" aus finanziellen Gründen
- wird sich im Verlaufe des Romans ihres erotischen Potentials bewusst, exhibitionistische Lust
- Emanzipationstendenzen; Selbstmord am Ende

Impressionistische Schreibweise
- Begriff Impressionismus stammt aus der Malerei und wurde auf Literatur übertragen
- Grundzüge der literarischen Moderne lassen sich über Kunst erschließen: Claude Monet: Kathedrale von Rouen
- keine stabile Realität vorausgesetzt (Kathedrale präsentiert sich zu verschiedenen Zeiten) → Annahme einer dynamischen Realität
- subjektive Wahrnehmung löst Realität ab
- Flüchtige und dynamische Realität
- Farbe, Töne, Bewegungen → auf Schnitzlers Werke bezogen: impressionistischer Menschentyp: kein festes Verhältnis zur Realität, abhängig von Stimmungen und Empfindungen

- Autoren: George und Hoffmannsthal: in beiden Elemente des Jugendstils und Symbolismus
- fin de siècle
  - ➤ nicht nur Ende des Jahrhunderts, sondern Zeit der Jahrhundertwende
  - ➤ Phase des Stilpluralismus, gegenaturalistische Moderne
- Gemeinsamkeiten: Abwendung vom Naturalismus, Endzeitstimmung, Modernitätsbewusstsein

Impressionismus und kleine Form
- Analogien zwischen Kunst und Literatur
- objektiv bestehende Realität in Zweifel gezogen
- Großstädtische Realität: Schnelligkeit, Flüchtigkeit, gesamter Weltzusammenhang geht verloren
- impressionistisches Prinzip: flüchtiger Augenblick der Realität darstellen

- Verzicht auf kausal konstruierte Handlung → kleine Formen besonders geeignet um großstädtische Realität einzufangen
- Interesse an Großformen nehmen ab → stattdessen: Szene, Essay, Aphorismus, Prosagedicht, Gedichte, Novellen...

- Veränderte Veröffentlichkeitsbedingungen durch Zeitschriftenwesen, das sich entwickelt (Blütezeit ab 1933)
  - ➤ Zeitungen als neue Plattform für Autoren → kurze, schnell fassbare Texte →Spannungsverhältnis zwischen ernsthafter Literatur und Kurzlebigkeit der Feuilletons
  - ➤ aber: in Flüchtigkeit liegt Charakteristik der Moderne; zeigt sich neues Lesebedürfnis
  - ➤ Inhaltliches Leichtgewicht: beinhaltet Belangloses, das sich durch spielerisches auszeichnet

Peter Altenberg
- Wiener Schriftsteller
- Meister der impressionistischen Skizze
- stadtbekannte Persönlichkeit
- moderner Kaffeehaus-Literat
- zugehörig zum Wiener Künstlerzirkel
- wollte öffentliche Aufmerksamkeit
- propagiert gesundes Leben → aber selbst Alkoholismus

1894: „Wie ich es sehe" (bekanntestes Werk)
- Flüchtigkeit der Wahrnehmung als Fundament seiner Schreibmethode
- feilt nicht lange an seinen Werken → produziert schnell
- wollte Oberfläche der Realität abbilden
- Autor als Photograph, der Moment festhält
- Novelle „Flirt"
  - ➤ Konzentration auf das Äußere → nur visuelles (Gegenteil zu Schnitzlers Innenperpektive)
  - ➤ Oberfläche der Dinge → verweigert tieferen Sinn
  - ➤ Anspruch auf Genauigkeit

Definition seiner Werke
- definiert an Rezipienten → aktive Rolle, konstituiert Kunstwerk mit
- Telegrammstil → reagiert auf flüchtige Leserschaft, Argument der knapper werdenden Zeit
- Mensch muss mit Moderne Schritt halten
- Kurzform gefordert, Literatur muss zeitsparend sein
- aber auch Mammutwerke (Romane): z.B. Döblin oder Musil „Mann ohne Eigenschaften"

Décadence, Ästhetizismus und Sprachkrise: Hugo von Hofmannsthal: Ein Brief

Allgemein

- Fortschrittserwartung dominiert bürgerliches Bewusstsein
- Gegenströmung: Verfallsdenken → zunächst gestützt auf Degenerationslehre
- Endzeitstimmung
- Décadence inhaltlich neu gefüllt
  - ➤ ursprünglicher Verfall des römischen Reiches wird im 19. Jhd aufgewertet
  - ➤ Staatswesen zerfällt, wenn Individuum nur am Luxus orientiert ist
  - ➤ aber kein kultureller Verfall sondern Stadium der größten geistigen Verfeinerung
- Stilisierung des Krankhaften → durch Krankheit hebt man sich über Norm hinaus

<u>literarische Décadece: inhaltlich und formal</u>

- Vorliebe für bestimmte Motive: Krankheit, Tod, alles was gegen Normalität läuft
- formal:
  - ➤ Auflösung eines Gesamtzusammenhanges von Werkzusammenhängen
  - ➤ Hervortreten einzelner Details
  - ➤ kein geschlossenes Handlungsgefüge → z.b. Tagebucheinträge
  - ➤ einzelne Worte werden wichtig

<u>Thomas Mann: „Der Tod in Venedig"</u>

Dekadenzbereich: „Tristan" (spielt im Sanatorium) → Porträt eines dekadenten Künstlers

- Verachtung des traditionellen Lebens
- Traum als Merkmal der Décadence → auch des Ästhetizismus

Ästhetizismus

allgemein

- lässt sich nicht stark von der Décadence abtrennen
- Lehre vom „Schönen" → Schönes als oberste Priorität
- Vernachlässigung anderer Werte zugunsten des „Schönen"
- Kultivierung eigener Werte, Gefühle
- Dorian Grey → Spuren seines ausschweifenden Lebens zeigt sich nur am Bild, nicht an ihm
- Abwertung des Lebens als Hässlich, dem gegenübergestellt eine „schöne Kunst"
- Kunstautonomie: l'art pour l'art
- Ursprung in Frankreich → in Deutschland: George und Hoffmannsthal

Hugo von Hofmannsthal

- lässt sich Ästhetizismus zuordnen → schon durch seinen Lebensstil
- narzisstische Konzentration auf ICH bezeichnend

- „Age of innocence" (1. Werk als 17jähriger): psychologische Novelle, autobiographisch → starke Konzentration auf Empfindungen des Ich; Leben in der Vergangenheit, nicht in aktueller Gegenwart
- schöpft aus Traditionen aber literarisches Erbe aber auch als Last angesehen; hindert eigene Produktivität
- „Wunderkind" in literarischen Kreisen Wiens
- beschäftigt sich mit Fragen der Ästhetik → programmatisch
- Texte durch Intertextualität geprägt
- öffnet Literatur für andere Medien: z.b. Pantomime, Ballett, Filmdrehbücher, Oper → Strauß Zusammenarbeit, schreib Libretti

„Der Tod des Tizian"
- veröffentlicht 1892
- geht um Verhältnis vergangener und gegenwärtiger Kunst
- Sicht der Gegenwart: Sich tder Schüler dominiert
  - ➤ Tizian als großer Künstler, dessen Zeit abgelaufen ist
  - ➤ Schüler bleiben hilflos zurück
  - ➤ Tizian war Schlüssel zur Welt
  - ➤ Schüler als Dilettanten, die ohne Meister nicht zu künstlerischem Schaffen fähig sind
  - ➤ Aber: ein Schüler hat eigene Empfindungsfähigkeit, Funken für zukünftige Produktivität

Raumstruktur
- Villa liegt außerhalb der Stadt, abgegrenzt vom gemeinen Volk → Kunst als eigener Bereich → Rezipient soll das kritisch sehen, Schüler fühlen sich als Künstlerelite, können aber selbst nichts produzieren

charakteristisch
- Gattungsinnovation: z.B. lyrisches Drama
- kritischer Blick auf Ästhetizismus
- Auseinandersetzung mit Epigonenproblem → geistige Nachfolger anderer
- Produktiver Umgang mit Tradition (thematisiert gegenwärtige Kunst anhand Tradition)

Sprachkrise
- „Der Brief": programmatischer Text zur Sprachkrise
- Vertrauen auf Ausdrucksfähigkeit der Sprache schwindet
- Realismus: vertraut noch auf Darstellbarkeit der Realität durch Sprache
- Naturalismus: Realität mühsam errungen (z.B. Sekundenstil)
- radikaler Zweifel Ende des 19. Jhd.: Sprache verhindert Erkenntnis
- Fritz Mauthner:
  - ➤ Welterkenntnis durch Sprache unmöglich

- ➤ Sprache nur aus Metaphern → schafft nur Illusion
- ➤ niemals über bildliche Darstellung hinaus

Hugo von Hofmannsthal: Ein Brief, Stefan George: Künstlerkult in der Moderne

Hofmannsthal, „ein Brief" (1902)

- Briefform als Ausdrucksmittel → fiktiver Brief
- Hofmannsthal sehr kreativ mit den Gattungen → nur ein einziger Brief
- Verwendung der Briefform → Figur äußert sich intensiv und monologisch über seine Situation
  - ➤ fiktiver Brief von Chandos ist als Antwortbrief konzipiert → reagiert auf Brief von Bacon
  - ➤ Chandos ist Schriftsteller, der sich über seine Schreibkrise äußert, die sich aus der Sprachkrise herausbildet → Brief über das Sprachversagen eines Schriftstellers
  - ➤ erfundene Figur Chandos wendet sich an Francis Bacon, der eine echte historische Figur war

Francis Bacon (15 – 1626)

- Begründer der modernen Wissenschaften → Methodenlehre der Wissenschaften und Enzyklopädie mit systematischem Überblickswissen über die Zeit
- Bacon beeindruckte Zeitgenossen durch klare, anschauliche Sprache gestorben bei einem Experiment

Brief

- Beginn des Schreibens ein Rückblick vor der Sprachkrise, Überblick über Werke und Projekte, fühlt großen inneren Abstand zu diesen Produktionen → Sprachkriese ist Bruch in seinem Leben, Lebenskrise
- früheren Werke sind aus Zusammenhangsgefühl geboren, war Teil einer Einheit → jetzt Auflösung aller Zusammenhänge, Sprachverlust, Wirklichkeitszerfall sind miteinander verbunden
  - ➤ Beschreibung der Sprachkrise, Denken und Sprache sieht er als verknüpft an, mit dem Verlust der Sprache auch Verlust zusammenhängend zu denken → hat Einfluss auf seine sozialen Kontakte, kann nicht mehr an Gesprächen teilnehmen und wird zum sozialen Außenseiter
  - ➤ fällt aus dem Wertesystem der Gesellschaft, nimmt Umwelt von nun an anders wahr, Sprachkrise führt zum Realitätszerfall, Details stehen ihm isoliert vor Augen
  - ➤ Auflösung des Realitätszusammenhang wird als verstörend empfunden, ist aber auch neue Erfahrung (vielleicht auch Gewinn? → Überwindung der Sprachkrise?? NEIN)

- ➢ Sprache der stummen Dinge, Gegenstände nehmen wirklichkeitserschließenden Funktionen ein
- ➢ einzelne Wirklichkeitssegmente treten mit neuer Eindrücklichkeit hervor und werden anders wahrgenommen, bisher verachtete wird zum Kristallisationspunkt einer neuen Werterfahrung
- ➢ hässliche und banale Gegenstände des Alltags werden zum Auslöser von Offenbarung, spürt in diesen Augenblicken die Gegenwart der Unendlichkeit

- Brief leistet Ansatz für Entwurf für neue natürliche unmittelbare Sprache, die keiner starrer Begrifflichkeiten mehr bedarf, Chandos nähert sich sprachlich nur an und kann es nicht vollständig in Worte zu fassen
- Chandos-Brief spricht vom Versagen der Sprache, das sehr sprachlich ausgefeilt → Text zeigt aber auch Grenzen der Sprache

Veränderungen des literarischen Markts
- literarischer Markt expandiert zwischen 1890 und 1910
- Publikations- und Verdienstmöglichkeiten der Autoren verbessern sich, neue Möglichkeiten wie Zeitungen Bedarf an kurzer Prosa
- Zahlen vermitteln trügerisches Bild → Literarische Werke waren immer noch gering (4000 von 30000 Publikationen) → Verlust der Qualität
- Arno Holz konnte sich nur mit Mühe über Wasser halten, Autoren mussten teilweise bei Freunden betteln → Autoren führten nebenher noch bürgerlichen Beruf aus
- Autor als Produzent der Ware, der von der Leserschaft abhängig ist → Gegensatz zur Vorstellung künstlerischer Autonomie und dem Kult um Dichterpersönlichkeiten → manche Autoren weigerten sich mitzumachen → Abwertung des Massengeschmack und Abgrenzung zu „echter" Kunst, wahre Künstler darf nicht mit Erfolg rechnen → Skepsis der Künstler gegenüber Bürgertum und ihrem Leseverhalten
- *Der Schutzverband deutscher Schriftsteller...* → Kunst soll von ökonomischen Interessen freigehalten werden
- Avantgardistischen Künstler wollen neues erschaffen und erreichen damit kein breites Publikum → suchen sich Nischen
- Bürgerschicht wird konservativer, politisch und in der Kunst → leicht verdaubares wird bevorzugt → Schicht der Intelligenz (Künstler und Wissenschaftler) spalten sich ab und fühlen sich isoliert
- Antibürgerlichkeit
- Autoren sehen sich an den Rand der Gesellschaft gedrängt
- Naturalisten versuchen Isolation zu überwinden, Verbündnis mit Arbeiterschaft (einseitig)
- Wiener Autoren: schreiben für kleine, exklusiven Zirkel→ prägt Lebensstil der Autoren

Der Dandy
- Mitte des 18. Jhd. → gegründet durch Clique adliger in London, Wetten, Gelagen und Glücksspiel in Clubs, gleichgültig arrogante Haltung im Leben, Ästhetisierung des Lebens
- wollten nicht arbeiten, Dandys stellten provozierenden Müßiggang zur Schau → Vermögen wird Kleidung gewidmet, Dandy lebt um sich zu kleiden
- Urdandy: George Brummel (1778 – 1840) → endet im Irrenhaus nachdem er sein Vermögen verspielt hatte
- Ende des 19. Jhd. → neue Blüte des Dandytums zuerst in Frankreich, dann in England und Deutschland → samtene Kniehosen, große Sonnenblumen usw. → Protestbewegung gegen bürgerlichen Enge der viktorianischen Gesellschaft → offensichtlicher in Kleidern gezeigter Verstoß gegen die Konventionen
- Lebensstil der aus Selbstinszenierung aus besteht → auch prägend für moderne Autoren
- inerseits Tendenz zur Vermassung der Gesellschaft auf der anderen Seite Versuch sich davon abzusetzen

Stefan George (1868-1933)
- pflegt auch Kult des Individuellen → nicht nur bei Person und Äußerem und seiner Literatur, sondern auch bei der Vermarktung seiner Werke
- alles was nach außen gelangt ist von ihm so gewollt
- hat stark polarisiert → durch seine genau kalkulierte Inszenierung seiner Figur
- Grenzt sich von der Masse ab
- sammelt elitäre Anhängerschaft um sich

George und Hofmannsthal
- enge Verbindung in künstlerischer und persönlicher Hinsicht, beide werden dem Ästhetizismus und Symbolismus zugerechnet

Elitärer Dichterkult
- bis zur Jahrhundertwende gesellschaftsferne Sonderstellung in der Gesellschaft, danach rückt er davon nicht ab, verknüpft diese Stelle aber mit politischer Wirkung
- Kunst Georges ist nicht gegen die Gesellschaft, sondern steht außerhalb der Gesellschaft, Künstler koppelt sich vom Leben ab → l'art pour l'art
- 2. Phase: Ästhetizistische Autonomiegebäre wird von prophetischem Habitus abgelöst → Kritik an gesellschaftlicher Realität, Hoffnung auf radikale Erneuerung
- George wendet sich vom Ästhetizismus ab → Dichter wird zum Seher erklärt, der Dank kraft seiner poetischen Wirkung auf die Welt einwirken kann

Der Dichterkreis
- verwendete große Energie darauf Gleichgesinnte zu finden → exklusiver Kreis Intelektueller Untergebener → dort konnte er sich als Prophet inszenieren

- Kreis sollte seinen Künstleranspruch untermauern → spannte auch Literaturwissenschaftler ein → Interpretation seines eigenen Schaffens

Typographie und Buchgestaltung bei George
- George hat gar nichts dem Zufall überlassen, schon gar nicht Gestaltung seiner Bücher
- Buch wurde zum Kunstobjekt aufgewertet → Gegenhaltung gegen Buch als Massenware → Bücher wurden in geringer Stückzahl in kleinen Verlagen veröffentlicht
- Materialität der Sprache soll betont und sichtbar gemacht werden → Markenzeichen: durchgängige Kleinschreibung, kaum Interpunktion (man muss langsamer Lesen, grafische Gestalt der Sprachzeichen tritt deutlicher hervor)
- George ließ Aufmachung seiner Gedichtbände von bekannten Grafikern durchführen → Gesamtkunstwerk
- nicht nur Schrift, sondern Buch insgesamt bekommt herausgehobene Geltung → Gedichte werden auf besonderes Papier gedruckt

George und der Symbolismus
- Autoren zielen nicht mehr auf Nachahmung (Mimesis) → Gegennaturalistische Wende
- innere Bedeutungszusammenhänge werden wichtiger → motiviert durch Sprachkritik, kritische Distanz zum konventionellen Sprachgebrauch
- Rilke, George und Hofmannsthal → 3 wichtigste Symbolisten
- Sprache soll nutzlos werden, keinen Zweck verfolgen, etwas eigenes sein → Wörter sollen auf andere Wörter bezogen werden
- Ansatz einer neuen Symboltheorie → unterschiedliche Definitionen von Symbol → Symbol hat Verweisungskraft, veranschaulicht Idee, alles kann nun zum Symbol werden
- Text als Oberfläche → klangliche Qualitäten der Sprache werden wichtiger
- <u>Kunstautonomie</u> → Trennung von Kunst und Leben, hat nichts mit der außersprachlichen Realität zu tun: l'art pour l'art

Literatur und Großstadt
Allgemeines
- literarische und ästhetische Moderne gründet in der Erfahrung von Urbanität → hier treffen Schriftsteller in Zirkeln und Vereinen aufeinander und formulieren ihre Programme
- Existenz der Autoren ist von der Großstadt geprägt, künstlerisches Selbstverständnis wurzelt in den Erfahrungen in der Großstadt → Schnelligkeit, Vielfalt, Technik
- auch bei George stellen Modernitätserfahrung Ausgangspunkt dar von dem er sich abstößt
- verschiedene Richtungen der lit. Moderne im Hintergrund der Großstadt zu sehen → Literatur deckt häufig Ambivalenzen der Moderne auf, Verluste

<u>zivilisatorische Moderne:</u> tatsächliche Lebensrealität geprägt durch Technisierung und Urbanisierung

<u>ästhetische Moderne:</u> die vor diesem Hintergrund sich vollziehenden Neuerungen in der Kunst

- Großstadt als Thema und Motiv (Großstadtliteratur)
- Wahrnehmungs- und Bewusstseinsveränderungen
- Ausbildung neuer künstlerischer und literarischer Darstellungstechniken

Entwicklung der Großstadt Berlin

- Ort an dem die Modernisierungsprozesse und ihre Auswirkungen am deutlichsten zu erfahren waren
- explosionsartiges Bevölkerungswachstums, bis zum Beginn des 1. WK → 3 Millionen Stadt → überholt München, Leipzig und Frankfurt
- geringe historische und kulturelle Verwurzelung von Berlin → wurde als amerikanische Metropole bezeichnet
- Elektrifizierung, Verkehr (erste motorisierte Kutschen, nach 1900 erste Automobile, bis 1910 Straßenbahnen überall), Tag-Nachtgrenzen werden verwischt → Beleuchtung → Berlin als Elektropolis
- neu errichtete Warenhäuser → Tempel des modernen Konsums → Kaufhaus Wertheim

Großstädtische Themen und Motive in der Lyrik

- ab dem Naturalismus wird Großstadt zum Thema in der Literatur, vor allem in der Lyrik des Expressionismus
- „Auf der Fahrt nach Berlin" Julius Hart
  - ➤ Fahrt durch Industrielandschaft → trotzdem keine drückende Atmosphäre
  - ➤ Berlin erscheint sowohl als Höllenloch als auch als Paradies → Berlin als Raum neuer Möglichkeiten
  - ➤ Industrialisierung und Massenleben werden herausgestellt aber auch Faszination für Großstadt → prägt viele literarische Moderne zur Großstadt, Hassliebe zur Großstadt geprägt von Ohnmacht und Angst → expressionistische Gedichte zeigen das am meisten → Stadt wird dämonisiert:
- Paul Boldt: Auf der Terrasse des Café Josty → traditionelle Formen wird genutzt um chaotischen Inhalt darzustellen
  - ➤ Menschen entwertet zu Müll, Tiervergleiche → Massenphänomen, Heer von Ameisen
  - ➤ Großstadt als Dschungel wird häufig thematisiert → Naturmetaphern → Konsequente Naturmetaphorik: Wahrnehmung nicht als Ort der Modernität, sondern an dem etwas archaisches zum Ausdruck gebracht kommt
  - ➤ Großstadt in Frage gestellt

<u>Großstadtbilder</u>
Ludwig Meidner: „Brennende Stadt"; „Apokalyptische Landschaft"

- ➤ bedrohliche Welt für einzelnes Individuum
- ➤ Gefährdung des Ich wird akzepiert

Georg Simmel: „Die Großstädte und das Geistesleben"
- Steigerung des Nervenlebens für jeden Großstädter
- Mensch befindet sich in Zustand der städtischen Anspannung → Abstumpfung (Blasiertheit)
- Überreizung führt zur Überlastung
- Mensch ist nicht mehr zur tiefen Verarbeitung fähig; oberflächliche Vertiefung der Reize; an Energie spürbar
- Großstadt formt den Menschen in seinem Verhalten, Art der Realitätsverarbeitung ändert sich
- Mensch ändert sich anthropologisch

Literarische Darstellung von Wahrnehmungs- und Bewusstseinsveränderung
- Vorstellung eines deformierten Menschen → z.b. Ernst Blass „der Nervenschwache"
- Angst, existentielle Verlorenheit, Vitalität und Kraft fehlt dem Menschen

Rainer Maria Rilke: „Die Aufzeichnungen des Malte Laurids Brigge"
- fertiggestellt 1910 → autobiographische Züge, Roman spielt in Paris, schildert Leben 28 Jährigen Adligen uns seine Eindrücke
- Malte zieht als Beobachter durch die Stadt → fiktive Tagebuchaufschriebe
- Rilke hat selbst von seinem Prosabuch gesprochen und den Text nicht als Roman bezeichnet
- Subjektivierung durch Tagebuchstil → es geht um Empfindungen und Wahrnehmungen von Malte
- Tagebuchform unterstützt Fragmentarisierung der Darstellungen → keine traditionelle, geschlossene Handlung
- Subjekt fühlt sich in der Großstadt verloren
- 2 Inhaltliche Schwerpunkte:
  - ➤ Großstadterlebnisse
  - ➤ Kindheitserinnerungen
- schildert soziale Außenseiter → genauer, distanzierter Beobachter
- Malte zeigt Schwierigkeiten seiner Wahrnehmung und reflektiert diese → versucht realitätsgetreues Bild zu vermitteln und fragt gleichzeitig welche Eindrücke dafür relevant sind
- Protagonist ist nur scheinbar unbeteiligt → kann großstädtischen Leben und Eindrücken nicht entziehen und ist körperlich dadurch beeinflusst
- nächtliche Geräuschkulisse → Nacht wird zum Tag, genauso viele Geräusche, helles Licht, Grenzen zwischen Tag und Nacht verschwimmen
- entscheidend wie Malte sich den Reizen gegenüber verhält → wird von Sinneseindrücken überwältigt, hat das Gefühl, dass Autos über ihn hinweggehen → Grenzen zwischen Innen und Außen verflüchtigen sich → Charakteristisch für die

Moderne, Krise des Ich, Ich verliert seine Geschlossenheit, ist durchdrungen von diesen Sinnesreizungen

Simultanstil und Reihungsgedicht

- neue künstlerische Darstellungen werden gebraucht → Impressionistische Schreibweise, Beschränkung auf einzelne Ausschnitte
- neue Realitätserfahrungen in den literarischen Texten ausdrücken
- Gleichzeitigkeit als Eindruck der Moderne und der Großstadt, vieles dringt gleichzeitig auf den Menschen ein, beschleunigte Lebenswelt, muss mit Vielzahl von Umwelteinflüssen fertig werden
- Gleichzeitigkeit soll künstlerisch dargestellt werden
- wie in literarischen Texten umgesetzt? → Problem, Text ist ein Nacheinander von Sätzen, erscheint nicht geeignet um Gleichzeitigkeit darzustellen
- Ansatz um das Problem zu lösen: Poetik der Parataxe → Reihung von Sätzen, die nicht als zeitliche oder kausale Folge organisiert sind, sondern austauschbar sind
- Hypotaxe: Ich kann nicht telefonieren weil ich in der Vorlesung sitze
- Parataxe: Ich kann nicht telefonieren. Ich sitze in der Vorlesung → Zusammenhänge werden aufgelöst
- Lyrik des Frühexpressionismus zeigt das besonders stark

Alfred Liechtenstein

- Gedicht unverbundener Hauptsätze nebeneinander, Vers und Satzgrenzen fallen häufig zusammen; Sätze sind nicht aufeinander abgestimmt, Abfolge ist relativ beliebig
- noch extremer: Die Dämmerung von Alfred Lichtenstein
- kein lyrisches Ich, trotzdem wird subjektives Bild der Großstadt vermittelt → wie kommt dieser Eindruck zustande? keine realistischen sondern düstere, verzerrte Bilder werden vermittelt bei dem zwei getrennte Sphären zusammengebracht werden
- grotesker Stil → kommt eigentlich aus der Kunst, vereint scheinbar Unvereinbares in einem Ornament miteinander (Tiere, Menschen, Masken...) → Vermischung von Grauenvollen und Komischen (Häuser wie Särge, kauern Karren, Leichenwagen kriecht) → Personifikation von Gegenständen
- stark negativ, deformiertes Bild auf Realität in der Großstadt, kein Ich, Gedicht zeigt welche Konsequenzen der Verlust des Subjekts hat → keine Verknüpfungen mehr, alles zerfällt, Nebeneinander des verschiedenen

Montagetechnik

- neue mediale Formen besetzen den öffentlichen Raum um 1900 → Flugblatt, Reklametafeln, Litfaßsäulen → verändert menschliche Wahrnehmung
- vor allem Dadaisten haben damit experimentiert
- Zwei Arbeitsschritte: Fragmentierung und Neukombination

- findet man auch in literarischen Texten (Thomas Mann: Der Zauberberg→ Grenzen zwischen fremdem Material und eigener Geschichte ist aber relativ eng verknüpft → verdeckte oder integrierende Montage)
- demonstrative Montage, die das nichtzusammenpassen der Materialien hervorhebt → kein einheitlicher Werkzusammenhang
- Raoul Hausmann → verweist auch Krise des Ichs bzw. des Subjekts, Foto des Künstlers ist zugewuchert von den Materialien
- Montage wiedersetzt sich traditionellem Autor und Werkbegriff von in sich geschlossenen Kunstwerken
- Grenze zwischen Kunst und Nichtkunst verschwimmt

Alfred Döblin: Berlin Alexanderplatz
- macht keinen Kult um seine Person, wächst in ländlichem Gebiet auf, Schock als er mit 10 Jahren in die Großstadt zieht
- zentraler Autor der klassischen Moderne → Begriff ist problematisch, Döblin bedient sich auch avantgardistischer Methoden
- Schaffen begleitet durch Theoriewerke → Intelektuelle Autor, der sich stark an Naturwissenschaften orientiert, der sich mit neuen Medien beschäftigt, aber auch Kritik an den technischen Errungenschaften übt
- Düblin: neues Romankonzept das Anforderungen der neuen Wirklichkeit gerecht werden möchte
- Abwehr des traditionellen Erzählens → Zurückdrängung des narrativen Moments
- Kinostil → man soll sich am Film orientieren, sehr viel kann in kurzer Zeit gezeigt werden
- kein traditioneller Erzähler sondern Wirklichkeit soll konkret gezeigt werden ohne vermittelnde Rolle des Erzählers
- Negation der Autorschaft → Autor soll nicht im Vordergrund stehen
- verschiedene Erzählstile werden verbunden
- spielt mit der Erwartungshaltung der Leser
- Untertitel wurde auf Wunsch seines Verlegers hinzugefügt → zeigt aber gut beide Komponenten, die verbunden werden
- Schockerfahrung durch neue Verkehrsmittel und neue Medien (Zeitung) → Montage durch Zeitungsartikel, die als realistische Artikel eingefügt werden
- Vielstimmiges Bild der Realität der Großstadt
  → Bruch mit dem traditionellen geschlossenen Roman, breites Register von Sprachen wird geliefert, behördliche Verordnungen, Zeitungen, Reklame, Statistiken
  → Vielfalt von narrativen Formen → moderner Hybridroman

Expressionismus: Georg Heym: Der Irre
- expressionistische Autoren → charakteristisch, dass sie gegen erstarrte bürgerliche Gesellschaft und Traditionen sind
- fordern radikalen Neuanfang, Abgrenzung von allem bisherigen in der Gesellschaft und der Poesie

- Abgrenzung vom Symbolismus und Ästhetizismus, Abgrenzung zur l'Art pour l'art → Hinwendung zur Lebensrealität
- Vorstellung vom autonom schaffendes Objekt war veraltet
- Ästhetizismus wurde mit Provokation begegnet → Ästhetizismus des Hässlichen, Sprach- und Formzertrümmerung, Rebellion gegen Geschlossenheit des Kunstwerks und traditionelle Werkvorstellungen
- statt elitärem Bewusstsein (wie George) identifizieren sie sich mit Randexistenzen der Gesellschaft (Prostituierten, Säufer, Arbeitslose, Gesinde usw.) → Erinnerung an den Naturalismus, aber Interesse der Expressionisten ist anders, wollen nicht soziales Milieu exakt darstellen → Außenseiter dienen als Identifikationsfiguren für Probleme
- Bündnis mit den Ausgegrenzten lässt Expressionisten neu für Literatur entdecken → Krankheit, Wahnsinn usw. werden unmittelbar geschildert

Expressionistische Programmatik und expressionistisches Kunstkonzept
- Ex. gehört zur Seite der avantgardistischen Moderne → selbst auferlegte Zwang zur Neuerung führt zu immer wieder neuen Kunstprogrammen
- polemische Abgrenzung zu dem was früher war
- Programmatik und literarische Praxis vereint in einem
  - ➢ spricht von Bewegung, die sich gegen bürgerliches und kapitalistisches Denken richtet
  - ➢ visionärer Aufbruch → getragen von der Erwartung eines gesellschaftlichen Umbruchs
  - ➢ Werk ist nicht so wichtig, sondern das, was durch die Kunst erlebt wird (Erregung) → umfassendes Weltgefühl soll vermittelt werden
  - ➢ wollen weniger durch Argumente überzeugen sondern durch Pathos und Kraft von Sprache und Bild
  - ➢ es geht nicht um Abbildung äußerer Realität sondern innerer Illusion
  - ➢ keine genaue mimetische Wiedergabe von Wirklichkeit → subjektiv aufgefasste Gegenwart, Farben werden frei gewählt (unabhängig von der Realität)
- Ansätzen von Stilisierung neuer Autorrolle → Dichter wird als Priester, Genie, Seher gesehen
- Literatur hat nur dann Berechtigung wenn sie Teil des Lebens ist
- wahre Dichter ist betroffene Dichter, der nach subjektiven Erleben strebt und seine Gefühle unmittelbar aufschreibt und auch darunter leidet
- Kurt Hiller → Gründungsmitglied des neuen Literaturclubs (??) „Gegen Lyrik"
  - ➢ geht nicht grundsätzlich gegen Lyrik sondern gegen damit verknüpfte Erwartungen
  - ➢ kritisches Verhältnis zum Ästhetizismus (George, Rilke)
  - ➢ gegen Bildungsbürgertum → dort wird Kunst zur falschen Sentimentalität
- Feindbild der Expressionisten ist überall zu sehen → Ablehnung der Traditionen und Ablehnung der bestehenden Bürgertums und deren Kunstgeschmack
- weniger gemeinsame Zielsetzung verbindet Expressionisten sondern ihre gemeinsame Abwehrhaltung

- Visionen von neuem Menschen und Gesellschaft aber auch verzweifelte, hoffnungslose Untergangsvisionen → Vielfalt von unterschiedlichen Bildern
- Dichter als Erlöser

Messianischer Expressionismus
- Begriff aus Religion → Hoffnung auf Erlösergestalt
- dichterisch utopische Gegenentwürfe zur modernen Gesellschaft
- verkündet wird Mensch, der die Gegenwart überwindet → Ablehnung bürgerlichen Daseins
- Kontrast Bürger und neuer Mensch → Wandlung zum neuen Typus Mensch, wird dabei nach Muster von Bekehrungserlebnissen gezeigt; Ich (Sprecher) erscheint als Prophet, der sich an die ganze Menschheit richtet (O Mensch Lyrik)
- manchmal wird es unfreiwillig komisch (Beispiel: die Träne)

Expressionismus und Wahnsinn
- schon seit der Antike wurde dichterische Schöpfungskraft und Wahnsinn verbunden, Dichter erlebt Extreme wegen seiner göttlichen Nähe
- Sphären von Göttern und Menschen kommt bei der Schöpfung zusammen, Grenzen verschwinden
- Zusammenhang von Wahnsinn und schöpferischer Kraft bleibt bis in die Moderne → moderne Autoren zeigen Interesse an Psychoanalyse
- Häufung von psychischen Anomalien bei modernen Künstlern → mussten sich in psychiatrische Behandlung begeben oder wurden Zwangseingewiesen
- gesuchte, bewusste Nähe zum Wahnsinn, Sympathie zu wahnhaftem Erleben

Was macht Wahnsinn so sympathisch und reizvoll?
Wieland Herzfelde
- hat Verlag für avantgardistische Kunst gegründet
- beschäftigt sich „die Ethik des Geisteskranken" aus Position des Nichtfachmanns mit der Position des Wahnsinns, positive Umdeutung des Irren und erklärt diesen zum Vorbild des Künstlers
- gesellschaftlicher Umgang mit Geisteskranken sei von ungerechten Vorurteilen bestimmt
- Dasein des Geisteskranken ist abseits normaler Denkkategorien und bleibt von der Gesellschaft unverstanden und wird von ihr abgewertet „*Der Geisteskranke ist sicher fähig, glücklicher zu sein, als wir es vermögen*"
- umgewertete Existenz des Geisteskranken wird in Analogie zum Künstler gesetzt, Geisteskranke führt ein künstlerisches leben, da dieser sich von äußeren Umständen frei machen könnte
- kann Wirklichkeit durch sein Fühlen verwandeln
- Auch beim Umgang mit Sprache kann Wahnsinnige Vorbild für Künstler sein → ist frei von Rechtschreibung, Zeichensetzung und Grammatik → Ausdrucksqualität ist wichtiger als formale Kriterien
- Wahnsinnige ist in zweifacher Hinsicht Vorbild:

1. subjektives Ausdrucksstreben
2. radikale gesellschaftsentzogene Gesellschaftsweise

Georg Heym: Der Irre

- als 24jähriger gestorben (1875-1926) → beim Schlittschuhlaufen
- hat sich seine Gedichte erarbeitet → viele verschiedene Fassungen seiner Gedichte
- klagt über in ihm wohnende Krankheit, Langeweile und Melancholie → wartet auf Umsturz und Erneuerung
- Krieg wurde herbeigesehnt → relativiert sich, nachdem Krieg wirklich da war

Der Irre

- Entlassung des Protagonisten aus einer Irrenanstalt in der er mehrere Jahre gegen seinen Willen festgehalten wurde
- Entlassene ist nicht wirklich geheilt, hat verzerrtes Bild von seiner Umgebung
- ist ängstlich, wünscht sich in Anstalt zurück; hat aber auch Rachegedanken (will mit Arzt und seiner Frau abrechnen)
- geht zur Wohnung in der er seine Frau vermutet, tötet Frau und zwei Kinder weil er sich von ihnen bedroht fühlt
- kommt in Berliner Kaufhaus, ist Verwirrt von den Eindrücken dort → stürzt von Balustrade des Kaufhauses, Panik in der Menge, steht auf und würgt einen Menschen → wird von Security erschossen

- Gewaltexzesse werden vermittelt → abrupte Wechsel der Perspektive (Außen und Innenperspektive), Innenperspektive hat Übergewicht
- Ich als Tier → Wahnsinn wird aus Sicht des Wahnsinnigen vermittelt, Leser muss Morde sehr direkt miterleben, kann sich dem nicht entziehen
- auch Aufwertung des Wahnsinns?? → Wahnsinn wird eher als hässlich und destruktiv hingestellt, Wahnsinniger ist aus ungebildeter sozialer Schicht ohne Bildung und ist eigentlich ungeeignet als Identifikation für exp. Künstler → trotzdem Moment im Text in denen Wahnsinnige Glück erlebt (tanzt nackt an einem Fluss, Kaufhausszene)
- inneres visionäres Erleben des Geisteskranken wird der Gesellschaft gegenübergestellt
- Text zeigt abstoßendes deutlich, zeigt aber auch Form des anderen Erlebens mit anderer Realitätsauffassung (wie bei Herzfelde)

Zusammenfassung
Wahnsinn als Schlüssel zur Epoche
- ist nichts was ganz neu → Vorläufer: vor allem in der Romantik, schon da wurde Wahnsinnige nicht nur von außen sondern auch aus Perspektive der wahnsinnigen Figuren berichtet → Leser erhält unmittelbaren Einblick in deren verschobene Realität
- romantische Autoren versuchen bisher ausgegrenzten Seiten des menschlichen Daseins zu gestalten → Wahnsinn und Verbrechen wurden verknüpft
- was ist das besondere? ist auf neue Weise radikal und gesellschaftskritisch

1. Antibürgerlichkeit
   - Wahnsinn dient als Projektionsfigur, ist neben dem Verbrecher extremster Kontrast zum verhassten Bürger und seinen Traditionen, Irre unterläuft bürgerliche Verhaltensnormen wie Pflichtbewusstsein und Affektkontrolle und lässt sich von Trieben leiten
2. Gesellschafts- und Kulturkritik
   - Kritik an spätwilhelminischer Gesellschaft und deren Ablehnung von Randgruppen
3. Ausdruck krisenhafter Subjektivität (Ich-Dissoziation)
   - Wahnsinn als Thema und Motiv in der Literatur gibt Autoren Möglichkeit eigene Befindlichkeiten radikal auszudrücken
4. Sehnsucht nach dem neuen Menschen
   - Entfremdung und Realitätszerfall
   - Annahme, dass das Zerschlagen gewohnter Zusammenhänge befreit
5. Durchbruch zu neuer Kunst und neuen Ausdrucksformen
   - auch formale Erneuerung der Kunst
   - Wahnsinnige stehen dafür, dass Sprache als unmittelbarer Ausdruck des Inneren verwendet wird → Einfluss auf formale Gestaltung

Gottfried Benn, Else Lasker-Schüler
- das expressionistische Jahrzehnt → klammert vieles aus, was in dieser Epoche noch da war → viele andere, aber kein Stilpluralismus mehr
- Hauptmann, Rilke, Hoffmannsthal usw. schreiben immer noch
- Autoren ohne bestimmte Stilrichtung → Heinrich, Thomas Mann
- Gleichzeitigkeit des Ungleichzeitigen → Konstrukt/Illusion: Alleinherrschaft des Expressionismus

Gottfried Benn: Morgue-Gedichte
- Autor, der sich mit Tabuthema beschäftigt (1886-1956)

Entstehung und Rezeption
- erschien 1912 als Flugblatt → 10 Gedichte
- erregte großes Aufsehen → bricht mit bisheriger Vorstellung von Lyrik, wurde teilweise aus Sensationsgier gekauft → nach nur 8 Tagen ausverkauft → wurde im 1. WK nachträglich beschlagnahmt, danach Nachdruck
- Gedichte wiedersetzen sich Kunstvorstellung
- ungeschönte Darstellung des menschlichen Verfalls → Leichenschauhaus als Schauplatz der Lyrik (Traditionsbruch!!)
- in Arbeitswelt des Arztes geschrieben → Sektionen an menschlichen Körper → Schöpfungsmoment aus dieser Situation heraus
- Besonderheit: Art des Sprechens (kalt, zynisch wirkender Chargon mit Vulgärsprache und religiösem Vokabular) → stieß teilweise auf vehemente Ablehnung

Beispielanalysen: „Kleine Aster", „Schöne Jugend"
- nur zwei Reimpaare → vielleicht aber Hinweis, dass es doch nicht so einfach und unüberlegt war
- betont einfache Sprache
- plötzlich wird Aster direkt angesprochen, Abkehr von unpersönlicher Sprache
- Leiche wird nicht so gut behandelt (gestemmt); Ironiesignal (ersoffener Bierfahrer)
- dunkelhelllila (Gegensätze, einzige Farbe)
- Gleichgültigkeit gegenüber dem menschlichen Sezierobjekt → handwerklicher Akt, der Körper als Einheit auflöst → Körper als Hohlraum, der am Schluß mit Holzwolle ausgestopft wird
- am Ende Interesse gilt der Blume, nicht dem Menschen → Deformation des lyrischen Ichs → Gefühlsregungen gelten nicht dem Menschen sondern der Blume

- Leichen werden objektiv, wissenschaftlich betrachtet → Individualität der Menschen interessiert nicht → bleiben Anonym → werden immer nur auf körperliche und organische Einzelteile beschrieben, aufgelöst in seine Bestandteile
- Umlenkung und Perversion des Blicks → auf die jungen Ratten
- Mädchen und Ratten haben gleiches Schicksal → sterben durch Ertrinken
- Körper als Rattenneste (Analog zu Körper als Vase)
- Titel führt in die Irre → weckt andere Erwartungen

- radikal pessimistisch
- tabuisierter Tod wird in den Mittelpunkt gerückt
- kein übergeordneter Sinn oder Hoffnung

Verbindung zum Expressionismus
- Antibürgerlichkeit: Provokation und Tabubruch
- Ästhetik des Hässlichen
- Versagen traditioneller Sinngebungsmuster
- Fragmentarisierung und dissoziierende Wahrnehmung des Menschen
- Auflösung der lyrischen Form (nur für Teile der Lyrik)

Else Lasker-Schüler (1869 – 1945)
- Forschung ist sich nicht einig wie eng die beiden waren → auf jeden Fall im lyrischen Bereich → widmen sich gegenseitig Gedichtzyklen (Keiner wird mein Wegrand sein → ich bin dein Wegrand)
- lebte in kargen Verhältnissen → Verheiratet mit führendem Kopf des Expressionismus, über ihn publizierte sie → dann Scheidung, danach bittet sie Verwandte und Freunde um Geld
- poetisiert ihr eigenes Leben → inszeniert sich selbst immer neu (verschweigt ihr Alter)
- Naivität und Kalkül in ihrem Auftreten → jeder gesellschaftlicher Auftritt wurde zur Inszenierung und wiedersetzte sich der Rollenerwartungen ihres Geschlechts

Robert Walsers Mikrogramme

- Veränderungen des literarischen Markt → Expansion der gedruckten Schriften → technische Neuerungen, Industrialisierung und Mechanisierung der Buchproduktion (Volksausgaben für beliebte Bücher → Reclam)
- Verbreitung der Schreibmaschine → Verdrängung der individuellen Handschrift
- moderne Autoren für die Schreibprozesse auf einmal sehr bedeutend wird (Kafka, Walser) → Reflexion über den Schreibvorgang, Selbstreflexion der Autoren (in erster Linie ums eigene Schreiben, Texte beinhalten das Schreiben als Thema)

Walser
- 1878 – 1956
- starke Anziehungskraft auf Autoren und Künstler, aber geringe „normale" Leserschaft
- wenige abgeschlossene, ausgereifte Romane
- Hauptwerk: Kurzprosastücke (ca. 2000 Stücke)
- Schweizer Autor → Außenseiterdasein
- Mikrogramme → Handschriftliche Entwürfe von Walser zwischen 1924 und 1933 entstanden, ungewöhnliche Manuskripte → einzelne Buchstaben verschwimmen, mit Bleistift ganz eng beschriebene Blätter → warum hat er so klein geschrieben (davor schreibt er vor allem in Schönschrift), keine Korrekturen
  - ➤ Phase des Entwurfs → werden jetzt in diesen Manuskripten geschrieben
  - ➤ Phase der Reinschrift → für Veröffentlichung
→ Umweg über Bleistift: Ausweg aus Schreibkrise
- Freude am Schreiben an sich wird wichtig → nicht mehr so wichtig was drin steht

Franz Kafka: „Ich bestehe aus Literatur"

- 1869 – 1945
- „Ich habe kein literarisches Interesse, sondern bestehe aus Literatur, ich bin nichts anderen und kann nichts anderes sein." → ganzer Tagesplan von Kafka schafft Freiraum fürs Schreiben, hatte nebenher noch einen anderen Beruf
- beide Autoren: existentielle Erfüllung im Schreiben → Kafka imaginiert sich in Wunschfantasien als Autor, der nur vom Schreiben lebt, nicht aber als einer, der mit dem Schreiben etwas bewirkt
- Rückzugstendenzen → aber nicht in Kunstwelt (wie beim Ästhetizismus) sondern Rückzug aufs eigene Innere, Ziel ist Konzentration auf die tiefen der eigenen Ichs, Ich (Subjekt) braucht die Außenwelt nicht (ist nur ein Störfaktor) → nur Wunschvorstellung Kafkas, Realität zeigt aber, dass er durchaus mit dem Außen Kontakt pflegte
- Ähnlich wie Walser handelt es sich bei Kafka nicht um einen Autor der nüchtern am Schreibtisch schreibt (wie z.B. Thomas Mann)

- Schreiben selbst wird auch zum Thema in Tagebüchern und Briefen, und Erzählungen (Glück und Qual des Schreibens)
- existenzbestimmende Obsession → Handschrift ist wichtig
- Schreibinstrument bei Kafka → Zusammenhang mit dem eigenen Schreiben
- Auch Schreibpapier ist wichtig → benutzt Schreibhefte → ordentlicher Anstrich für seine Texte → unterschiedliche Hefte für unterschiedliche Texte (für Tagebuch → schöne Wachshefte, weil es dauerhaft sein soll)

Abschluß: Autorschaftskonzepte der Moderne
- traditionelle Autorverständnisse werden brüchig → ganz viele neue Rollen für Autoren
- gelebter Exotismus von Else Lasker-Schüler
- Autor als Arzt → Gottfried Benn
- Schnitzler → Verbindung zu modernen Naturwissenschaften
- Autor als Verkünder, der versucht Massen in Bewegung zu setzen

→ nicht ein Konzept der Moderne, Moderne löst Krisenerfahrungen aus, die zu unterschiedlichen Autorentwürfen führt

Dadaismus
- Form der Anti-Kunst → Werke, die sich herkömmlichen Maßstäben entziehen will
- nicht Intention ein bleibendes Kunstwerk zu schaffen
- gegen traditionelle Kunst und Literaturkonzepte → Zufallspoesie
- Dadaistische Lautgedichte → Konzentration auf Sprache als Material

neue Sachlichkeit
- Autor wird wieder auf die Realität gerichtet → Realitätstreue
- schließt an Literatur des Naturalismus an, aber zwei Sachen anders: nüchterner Blick, starke Aufgeschlossenheit gegenüber technischen Neuerungen der Moderne

→ neue Autor bzw. Literaturkonzepte